Sé un guerrero contra el virus

una guía para niños para estar a salvo

Eloise Macgregor

Traducido por Diana Osorio

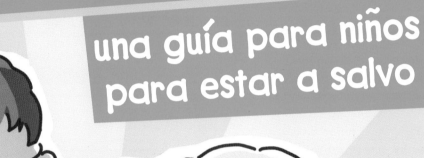

PowerKiDS press.

Many thanks to Matthew Winawer for being our first reader!

Published in 2020 by The Rosen Publishing Group, Inc.
29 East 21st Street, New York, NY 10010

Produced for The Rosen Publishing Group, Inc. by Alix Wood Books
Written by Eloise Macgregor
Designed and illustrated by Alix Wood
Translator: Diana Osorio
Editor, Spanish: Rossana Zuñiga

Names: Macgregor, Eloise.
Title: Be a virus warrior! a kid's guide to keeping safe / Eloise Macgregor.
Description: New York : PowerKids Press, 2020.
Identifiers: ISBN 9781725332348 (pbk.) | ISBN 9781725332355 (library bound) | ISBN 9781725332362 (ebook)
Subjects: LCSH: Viruses--Juvenile literature. | Virus diseases--Juvenile literature. | Communicable diseases--Juvenile literature.
Classification: LCC QR365.M32 2020 | DDC 579.2--dc23

Image credits:
All illustrations © Alix Wood

Manufactured in the United States of America

CPSIA Compliance Information: Batch #CSPK20: For Further Information contact Rosen Publishing, New York, New York at 1-800-237-9932

Find us on

"Mi hijo Matthew y yo leímos "Sé un guerrero contra el virus: una guía para niños para estar a salvo" en un tiempo dónde los padres e hijos buscaban información sobre COVID-19. Este libro es útil, de buena lectura y de gran presición médica".
Dr. Neil Winawer, hospitalista y profesor de medicina.

Contenido

¿Qué es un virus?

Un **virus** es un tipo de **germen**. Es muy, pero muy pequeño, por eso no lo puedes ver. Cuando ingresa en tu cuerpo, puede hacer que te enfermes.

Los virus son así, pero MIL VECES más pequeños.

Hay muchos tipos diferentes de virus.

Existe el virus del resfriado...

o el virus de la varicela...

y el **coronavirus**.

Hoy muchos hablan sobre el coronavirus.
Los científicos encontraron un nuevo germen
del coronavirus llamado **COVID-19** que causa
una enfermedad parecida a la gripe.

¿Cómo puedes contraer un virus?

Los virus ingresan en tu cuerpo por la nariz, por la boca o por los ojos. Pueden transmitirse de persona a persona. Cuando alguien tose o estornuda, expulsa el virus al exterior, y otra persona puede inhalar ese virus por la nariz o por la boca.

También puedes contraer el virus si tomas de la mano a alguien, o si le das un beso o un abrazo.

Los gérmenes pueden quedarse en la superficie de cosas que una persona contagiada ha tocado.
Si tu también las tocas, y luego te tocas la cara, podrías contraer el virus.

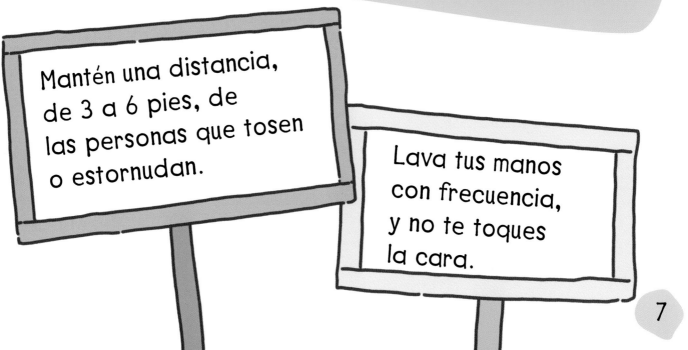

Mantén una distancia, de 3 a 6 pies, de las personas que tosen o estornudan.

Lava tus manos con frecuencia, y no te toques la cara.

¿Qué se siente cuando tienes un virus?

Esto depende del virus que ha ingresado en tu cuerpo. Puedes presentar diferentes síntomas como:

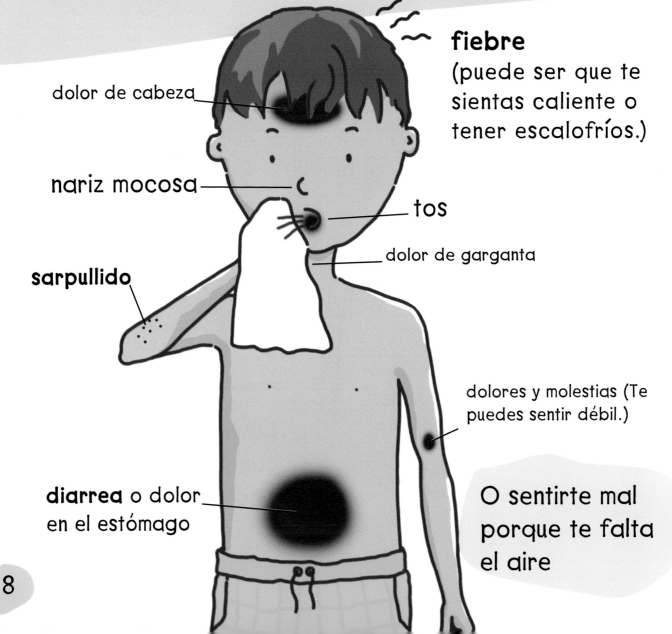

fiebre
(puede ser que te sientas caliente o tener escalofríos.)

dolor de cabeza

nariz mocosa

tos

dolor de garganta

sarpullido

dolores y molestias (Te puedes sentir débil.)

diarrea o dolor en el estómago

O sentirte mal porque te falta el aire

Los **síntomas del** coronavirus son:

tos

fiebre

falta de aire

Tener estos síntomas no significa que tengas el coronavirus,
puede ser que tengas un resfriado o la gripe.

Si has estado cerca de alguien contagiado con el virus del
coronavirus, o has estado en algún lugar donde la gente
ha tenido esta enfermedad, entonces puede ser que te
hayas contagiado.

¿Cómo puedes protegerte y proteger a los demás del virus?

Si TÚ no te sientes bien, tienes que tener cuidado de no contagiar o transmitir tus virus a los demás.

Estornuda, tose y limpia tu nariz con un pañuelo. Después, desecha el pañuelo.

Si no encuentras un pañuelo, tose o estornuda en el ángulo interno de tu brazo.

Si no te sientes bien, puedes usar una máscara para que no contagies tus gérmenes.

¿Qué debes hacer para evitar contagiarte del virus?

1. Lávate las manos, con frecuencia, con agua y jabón.

2. No te toques la cara. Puede ser que tus manos hayan tocado gérmenes y estos pueden entrar por tu nariz, tus ojos o tu boca.

3. Trata de mantenerte lejos de quien parezca enfermo o haya estado cerca de enfermos con el virus. Puede ser que se sientan bien, pero pueden **portar** el virus.

¿Cómo lavarte bien las manos?

Lávate las manos durante al menos 20 segundos, que es aproximadamente lo que lleva cantar el "cumpleaños feliz" dos veces. Sigue estos pasos:

Mójate las manos con agua.

Usa jabón.

Frota las palmas de tus manos.

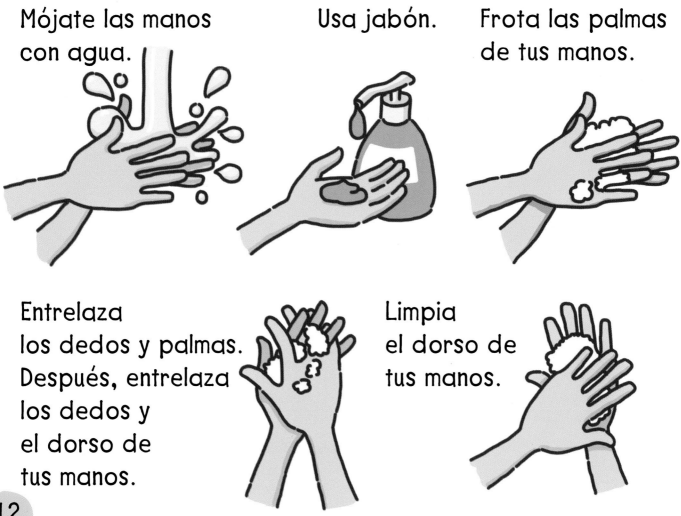

Entrelaza los dedos y palmas. Después, entrelaza los dedos y el dorso de tus manos.

Limpia el dorso de tus manos.

Limpia tus pulgares.

Limpia tus uñas y las puntas de tus dedos.

Limpia tus muñecas.

Enjuágalas con agua.

Seca bien tus manos con papel toalla y luego deséchalo.

13

Mantenerte alejado de los demás

Para detener la transmisión del virus, te pedirán que te alejes de los demás. Podrían cerrar tu escuela y cancelar los eventos a los que quieres asistir. Quizás también debas quedarte en casa, los médicos lo llaman **autoaislamiento.**

Es importante hacer lo que te pidan. Algunas personas que se contagian con este virus, pueden enfermarse seriamente. Las personas mayores y aquellas que tienen otras enfermedades deben cuidarse y protegerse.

Puede ser divertido estar en aislamiento. Puedes ver películas, jugar juegos de mesa, leer un libro o colorear.

¿Cómo desinfectar mi hogar?

¡Es muy fácil! Mantén limpias tus manos y limpia los lugares que se tocan con más frecuencia en casa.

El jabón y un limpiador en espray pueden eliminar los virus. Usa papel toalla para limpiar las superficies.

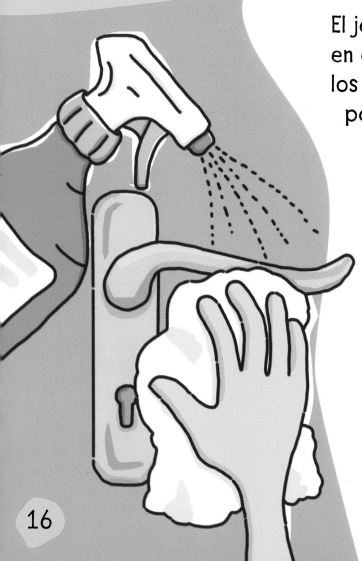

Los virus pueden sobrevivir mucho tiempo sobre las superficies.
Limpia las áreas que se utilizan con frecuencia: manijas de puertas e interruptores de luz.

Después, desecha el papel toalla y lava tus manos.

¿Crees que tu familia no se lava las manos tan bien como tú? Sus manos poco limpias pueden haber tocado el grifo.

Puedes abrir y cerrar el grifo con el codo, o con un papel toalla, como lo suelen hacer los médicos.

Es mejor evitar los abrazos y besos

¿Sientes que puedes estar enfermo? ¿o tal vez algún amigo o familiar lo está? Es mejor que evites acercarte a ellos por ahora.

Los virus se transmiten fácilmente a través de un apretón de manos, o un beso. Es mejor no dar besos, o abrazos, si alguien tiene el virus.

Aún puedes demostrarle a los demás que los estimas.

Puedes darle una sonrisa.

O saludarlos con el codo.

O darles una tarjeta que diga "que te mejores pronto".

Mejórate pronto

¿Los médicos pueden curarte de los virus?

Puedes protegerte de ciertos virus con una **vacuna**. Las vacunas son medicinas que te ayudan a combatir los virus.

Existen vacunas para la varicela y la gripe. Seguramente te han vacunado contra ciertos virus, cuando eras un bebé.

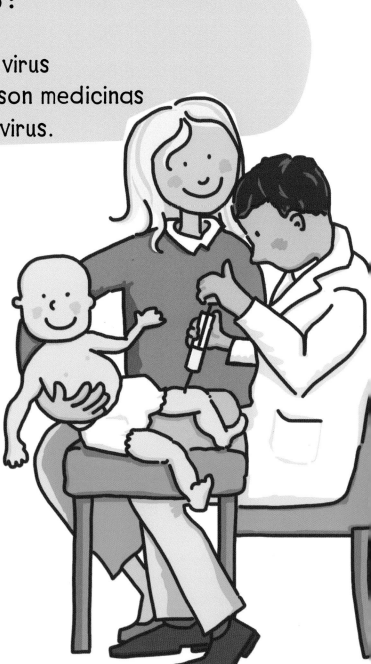

Los nuevos virus, como el nuevo coronavirus, aún no tienen una vacuna. Los médicos y científicos están trabajando mucho para desarrollarla.

¿Qué puedes hacer si tú o tu familia se enferman de un virus?

- ☑ No te preocupes. La mayoría sólo se enferman por unos días.

- ☑ Quédate en casa y llama al médico.

- ☑ Acuéstate.

- ☑ Abre un poco la ventana si puedes.

- ☑ Bebe muchos líquidos.

- ☑ Asegúrate de no contagiar a nadie más.

Muy pronto te sentirás mejor.

¿Eres un guerrero contra el virus?

¡Realiza esta prueba para saber si tienes el poder de combatir los virus! Las respuestas están en la parte inferior de la página 24.

1. ¿Por cuánto tiempo te debes lavar las manos?
   a) 5 segundos.
   b) 10 segundos.
   c) 20 segundos.

2. ¿Qué harías si tienes que estornudar y no tienes un pañuelo?
   a) Estornuda en el ángulo interno de tu brazo.
   b) Estornuda en la comida.
   c) Estornuda en la manija de una puerta.

3. ¿Por qué debes estar lejos de los demás
   si tienes un virus?
       a) Los ancianos y enfermos se pueden
          contagiar.
       b) No te agradan los demás.

4. ¿Qué puedes hacer para protegerte?
       a) Lavarte las manos.
       b) No tocarte la cara.
       c) Alejarte de aquellos que tienen el virus.
       d) Todas las anteriores.

No te asustes de los virus.
Sólo recuerda: lávate muy
bien las manos y no te toques
la cara. Así, es probable
que no te enfermes o que no
lo contagies.

¿Qué significan estas palabras?

autoaislamiento: el hecho de apartarse uno mismo de los demás.

coronavirus: un tipo de virus.

COVID-19: nueva enfermedad que afecta tus pulmones. Se origina por un virus llamado coronavirus.

diarrea: heces frecuentes y acuosas.

fiebre: aumento anormal de la temperatura del cuerpo.

germen: un ser vivo microscópico que causa enfermedades.

portar: no padecer de una enfermedad, pero tener la infección y poder contagiarla a otros.

sarpullido: erupción en la piel en forma de granitos rojos.

síntoma: un cambio físico que indica la presencia de una enfermedad.

vacuna: medicina aplicada usualmente por inyección, que evita que te enfermes.

virus: agente infeccioso que puede crecer y multiplicarse en células vivas y causar enfermedades en plantas, animales y seres vivos.

Respuestas de la prueba: 1 c, 2 a, 3 a, 4